LES AMOURS

D'ANAS-ELOUJOUD,

ET

DE OUARDI.

LES AMOURS

D'ANAS-ELOUJOUD,

ET

DE OUARDI,

CONTE TRADUIT DE L'ARABE,

Par M. SAVARY.

OUVRAGE POSTHUME.

A BAGDAD,

se trouve A PARIS,

Chez ONFROY, Libraire, rue Saint-Victor.

———

M. DCC. LXXXIX.

AVIS

DE L'ÉDITEUR.

M. SAVARY avoit recueilli en Égypte plusieurs contes arabes qu'il s'étoit d'abord exercé à traduire, pour se rendre cette langue familière. On a trouvé dans ses manuscrits, des fragmens de ces traductions, auxquelles l'Auteur, enlevé dans sa jeunesse, n'a pu mettre la dernière main. Mais les Amours d'Anas-Eloujoud et de Ouardi forment une exception ; et l'Auteur, avant sa mort, avoit tout disposé pour publier ce petit roman tel qu'il paroît aujourd'hui. On y reconnoîtra sans peine, combien la plume de M. Savary étoit propre à ce genre de productions, qu'il regardoit comme un délassement de travaux plus sérieux, et on regrettera que sa mort prématurée l'ait empêché de publier en notre langue un recueil complet de tous les romans arabes dont il s'étoit procuré les originaux durant ses voyages.

LES AMOURS

D'ANAS-ELOUJOUD,

ET

ET OUARDI.

ANAS-ELOUJOUD, est le héros que je chante. Il n'eut point d'égal en beauté, et il triompha des jaloux. Ses yeux étoient noirs sans le secours de l'art (1) ; ses joues avoient l'éclat des étoiles qui brillent au sein des ténèbres. La nature l'avoit doué de

____

(1) Les femmes des contrées orientales se noircissent les yeux avec du *Cohel*, c'est-à-dire, de la mine de plomb préparée. Les petits-maîtres du pays imitent cet exemple.

A

tant de charmes, qu'on ne pouvoit le voir sans l'aimer. Paroissoit-il dans un cercle, son air gracieux prévenoit en sa faveur. Parloit-il, son esprit cultivé enlevoit tous les suffrages. Introduit à la cour d'Ispahan, il gagna les bonnes graces du prince, et devint son favori. Le sultan donnoit-il une fête ou l'on buvoit le nectar de Schiras, il recevoit sa coupe des mains d'Anas-Eloujoud, et le breuvage lui paroissoit plus délicieux. Ce jeune seigneur faisoit la joie de ses festins. S'il tardoit à paroître, le monarque s'ennuyoit; tout lui devenoit à charge; il répandoit le vin, en disant : Cette liqueur est défendue.

Le jour étoit venu où l'on devoit célébrer par des fêtes solennelles l'anniversaire de l'avénement du sultan

au trône. Anas-Eloujoud l'aborda,
et lui dit : » Sublime empereur, ac-
» corde à mon ambition une faveur
» insigne : permets que je brille un
» moment au milieu de la pompe
» royale ; permets qu'à travers tes
» soldats rangés sur mon passage , je
» me rende dans la plaine pour y
» disputer aux seigneurs d'Ispahan
» le prix de la course. Daigne le ciel
» protéger tes jours glorieux !——Pars
» lui répondit le Sultan , et com-
» mande dans mon empire. «

Anas-Eloujoud, entouré d'un magnifique cortége , traversa la ville au
milieu des soldats rangés sur son
passage , et se rendit dans la campagne. Il combattit avec la lance et le
javelot. Son adresse et sa force bril-
lèrent dans ces divers exercices. Il

désarma les plus braves guerriers. A ces luttes succéda la course. Cent écuyers persans s'élancent de la barrière ; la terre retentit sous les pieds de leurs chevaux ; ils vont avec la rapidité de l'éclair ; un nuage de poussière les enveloppe ; on les diroit portés sur les ailes de la tempête. Anas-Eloujoud penché sur les crins flottans de son coursier , le flatte de la main , l'excite de la voix. Trois fois il devança ses illustres rivaux, trois fois il parcourut le premier la carrière. Ayant remporté toutes les palmes , le soir il rentra dans les murs de la capitale , précédé de musiciens, et annoncé par les fanfares des trompettes ; il s'avançoit suivi des acclamations du peuple , et du désespoir de ses envieux.

La lune jalouse cacha son globe argenté.

La fille du visir, la belle Ouardi, va paroître dans mes chants. Elle avoit vu passer le jeune Seigneur avec une secrète émotion ; déja la prompte renommée lui avoit redit ses succès. Elle courut à la fenêtre, pour contempler son retour glorieux. Des lumières innombrables éclairoient la marche triomphale. Le vainqueur étoit accompagné de deux mille Mamlouks adroits à tirer de l'arc. Monté sur le cheval du sultan, il dominoit au milieu d'eux, et les surpassoit de la tête. Un rameau vert, signal de la victoire, surmontoit son turban. Ouardi le vit, à la fleur du bel âge, et couronné par la gloire. Elle sentit l'atteinte d'une passion naissante, et perdit le repos. Pour la première fois, elle éprouvoit des désirs, et son ame entraînée voloit vers Anas-Eloujoud. En contemplant · sa grace, sa noblesse, sa beauté, elle buvoit à longs traits le poison de l'amour. Interdite et troublée, elle veut détourner ses regards ; mais ils reviennent toujours se fixer sur son vainqueur. Elle admire tour-à-tour le frais coloris qui décore ses joues, la blancheur de son teint, ses sourcils noirs également arqués, le feu qui brille dans ses yeux, et elle s'écrie : Heureuse celle qui seroit unie à ton sort, qui passeroit ses jours à tes côtés ou dans tes bras ! Je t'aime, hélas ! puisse ton cœur brûler du même feu dont je suis embrasée !

Anas-Eloujoud ayant traversé la ville dans cet appareil pompeux, retourna auprès du monarque, et reçut avec transport les félicitations de son maître. Lorsqu'un soupé splendide eut terminé la fête, il rentra dans son palais, et s'y livra aux douceurs du sommeil. La belle Ouardi étoit moins tranquille : de ses yeux l'amour étoit descendu dans son cœur; il l'avoit profondément blessé. Une flamme intérieure pénétroit tous ses sens. Cette vierge égarée perdit l'usage de la raison. Elle ne put résister à la violence de son mal. Elle appela sa gouvernante : elle pleuroit, et essuyoit ses larmes avec un léger tissu de soie orientale.

Pourquoi ces pleurs ? lui demanda la gouvernante ; vous n'avez point à vous plaindre du sort. Votre père est visir , et marche à la droite du sultan. Chef suprême de la justice, par-tout les peuples obéissent à ses lois. Hélas ! lui répondit Ouardi, tu ne sais pas ce qui cause mes peines. Un jeune seigneur d'une beauté ravissante fait couler mes larmes. Vaincue par une passion impétueuse, je viens te dévoiler mon secret. Avant de l'avoir vu, je ne connoissois que les douceurs de l'indifférence. Ils sont passés ces jours de tranquillité et de paix. J'aime et je brûle. O mon amie ! va trouver celui qui cause mon trouble ; qu'il reçoive de ta bouche l'aveu de ma flamme : peins-lui toute sa violence ; ne te rebute point, et profite des instans. Elle prit une feuille de papier ; ses yeux recommencèrent à verser des pleurs ; son cœur brûla de nouveaux feux , et elle écrivit ces tendres paroles :

» Seigneur, tu as vaincu tous les » cavaliers dans la plaine. La lune » a été jalouse de l'éclat dont tu bril- » lois. Je t'ai vu, et j'ai perdu le repos. » Celui qui te nomma Anas-Elou- » joud (1) avoit lu dans l'avenir. O » toi qui fais la joie de tes amis , et » le désespoir de tes envieux ! ô toi » que la nature forma pour aimer , » sois sensible à des maux dont tu » es la cause ! aie pitié d'une amante » qui meurt d'amour pour toi ! aie » pitié de l'état où tu m'as réduite ! » Je n'ai plus ni force , ni raison. » J'en jure par le dieu des mon-

---

(1) L'homme accompli.

» des (1), l'amour est un feu dévorant.
» Il n'est point de tourment égal à
» celui qu'éprouvent ses esclaves. «

La gouvernante se rendit au palais
d'Anas-Eloujoud. Elle le trouva dans
un appartement retiré, se jeta à ses
genoux, et lui dit en les embrassant:
» Seigneur, je vous salue de la part
» de celle qui m'envoie : puis-je es-
» pérer que vous recevrez favorable-
» ment mon message, ou dois-je
» retourner sur mes pas ? La beauté
» que je sers, en proie à la douleur,
» verse des larmes. « A ces mots elle
présenta la lettre.

Anas-Eloujoud l'ouvrit, et la lut

____

(1) Ce serment est fréquemment employé
dans le Coran. Les Orientaux le prononcent
quelquefois dans les circonstances importan-
tes, et il est inviolable.

avidement : il y trouva les preuves de la passion de Ouardi. Il avoit l'ame sensible et généreuse. L'ingénuité de la fille du visir le combla d'alégresse. Il se sentit épris des mêmes feux, et s'écria : O ciel ! de quelle félicité jouiroit le mortel qui pourroit unir sa destinée à celle d'une si tendre amante ! Il prit la plume et écrivit ces mots : » O toi qui dans » la Perse entière es la reine de la » beauté ! toi dont on vante l'esprit, » les grâces, les talens, fille du » visir, charmante Ouardi, tu m'as » donc envoyé une lettre et des priè- » res ! Ta générosité a gagné mon » cœur : il est à toi ; Anas-Eloujoud » devient pour jamais ton adora- » teur, et l'esclave de tes volontés. «

La gouvernante revint avec la

réponse. La belle Ouardi en fut charmée ; en la lisant ses joues se couvroient de roses, son cœur tressailloit d'alégresse, et son sein palpitoit comme celui de la colombe. Elle prit une seconde fois la plume, et l'amour lui dicta ces vers, que des pleurs mouilloient à chaque instant:

» O Anas-Eloujoud ! ô le plus beau » des hommes ! écoute les vœux de » ton amante. Viens recueillir le prix » de la tendresse. Viens dans mes » bras, ou je succombe à la violence » de mon amour. J'en jure par le » créateur des mondes, une passion » brûlante me dévore : elle a banni » le sommeil de mes paupières ; elle » me consume depuis le moment où » je te vis, monté sur le cheval du » sultan, éclipser de ta gloire tous

les

» les seigneurs qui t'entouroient. Ton
» absence me devient insupportable.
» Ton image m'occupe toute entière :
» le jour, elle est devant mes yeux ;
» la nuit, je crois te voir à mes côtés.
» Je me réveille , l'illusion disparoît.
» Hélas ! le sommeil est menteur. «

La gouvernante porta cette seconde
lettre au favori du sultan. Il étoit
mollement assis sur un riche sofa,
et parcouroit encore l'écrit de sa belle
maîtresse : ses regards paroissoient
animés , et son front étoit radieux
comme celui de l'aurore. Seigneur ,
lui dit la messagère, en se proster-
nant devant lui , voilà les paroles
d'une amante qui gémit de votre
absence. Anas-Eloujoud les lut avec
transport , et répondit en ces termes :

» Tendre Ouardi , fille adorée !

» rien ne m'empêcheroit de voler
» dans tes bras ; la mort même sus-
» pendue sur ma tête ne pourroit
» m'arrêter : mais je crains que l'œil
» vigilant de tes gardiens ne perce
» le mystère, et que ta vie ne paie
» mes plaisirs. Attends que la nuit
» ait couvert nos amours de son voile
» favorable. Annonce - moi le mo-
» ment, et je cours m'enivrer dans
» tes bras des jouissances de l'a-
» mour. «

La gouvernante se hâta de rega-
gner le palais de sa maîtresse. — O
ma bonne amie ! quelle nouvelle
m'apportes-tu ? — La lettre d'un
amant passionné. Ouardi la lut en
tremblant, et lui fit cette réponse :

    » Homme peu sensible et peu cou-
» rageux, vois ce que j'ai fait pour

» toi ! je me suis livrée à ta dis-
» crétion. Ta qualité d'étranger et
» d'orphelin n'a pu arrêter le mou-
» vement de mon cœur ; et tu sem-
» bles balancer !...Ou m'emporte une
» aveugle passion ? O le plus chéri
» des mortels ! je t'attends, cette
» nuit même. Lorsque la lune aura
» parcouru la moitié de son cours ,
» viens ; je veux te serrer contre mon
» sein.... et puis mourir s'il le faut.
» Le visir mon père, dût-il être pré-
» sent, j'en jure par le dieu des mon-
» des , je braverois ses regards et ses
» menaces. «

Lorsqu'elle eut plié la lettre , et qu'elle l'eut remise à sa fidèle gouvernante , elle ajouta : Relève à ses yeux les avantages que la nature m'a donnés , et l'éclat de ma naissance.

Dis-lui qu'il n'a point vu de beauté semblable à celle de son amante, et qu'il n'en est point de préférable parmi les filles des rois.

La messagère étoit partie pour remplir sa mission, lorsqu'à la porte elle rencontra le visir. Son aspect imprévu la saisit d'effroi ; l'écrit lui tomba des mains. Le visir s'en saisit, et découvrit la passion de Ouardi. Pleins de fureur, il alla sur le champ trouver son épouse, et lui dit en lui présentant la lettre : » Voyez » la conduite de votre fille. Depuis » quand Anas-Eloujoud, le favori » du prince, en est-il aimé ? depuis » quand dure ce commerce honteux ? » Si cette nouvelle parvient aux » oreilles du sultan, il me fera tran- » cher la tête. Mais je vais à l'instant

» punir la coupable, et laver dans son
» sang la honte de notre maison. «

» Seigneur, lui répondit son épouse
» alarmée, j'ignorois ce mystère : il
» me met au désespoir. Mais, si vous
» voulez éviter l'éclat, et détourner
» l'orage près de fondre sur vous, en-
» fermez votre fille dans le palais
» que vos pères ont bâti au milieu
» de l'île Solitaire ; qu'elle y soit
» gardée par des esclaves fidèles et
» vertueuses. Vous la ferez enlever
» sous le moindre prétexte, avant
» que le déshonneur de sa conduite
» paroisse au grand jour. Elle y vivra
» éloignée de son amant, jusqu'à ce
» que la mort ait enseveli sous sa
» tombe l'oubli de sa vertu. «

Ce conseil plut au visir. Né du
sang des califes, il possédoit une

île située vers l'extrémité du golfe Persique. La nature l'avoit entourée de rochers escarpés, contre lesquels les flots en fureur venoient se briser avec un bruit épouvantable. Ces écueils, l'effroi des navigateurs, ne laissoient dans leur vaste enceinte qu'une ouverture étroite par où l'on pouvoit aborder dans l'île. Pour peu que l'haleine des vents se fît sentir, les vaisseaux balottés par les vagues, manquoient le passage, et s'entr'ouvrant avec fracas sur les pointes des rocs, précipitoient dans l'abyme les malheureux nautoniers. Ces périls éloignoient les humains de ce séjour redouté. Quoiqu'on admirât dans son intérieur un antique château entouré de bosquets, sans cesse rafraîchis par les ruisseaux qui jaillissoient

du pied des monts , l'île Solitaire
étoit inhabitée. C'est en ce lieu que
le visir résolut de reléguer l'infortunée Ouardi. Il jouissoit d'une grande
puissance , et ses ordres étoient des
lois. Il commande , et à l'instant un
superbe navire commandé par un
capitaine expérimenté , est chargé
de meubles , de tapis , d'effets pré-
cieux, et n'attend pour partir que le
signe de sa volonté.

Quand tout fut préparé , le visir ren-
fermant son chagrin dans son cœur ,
monta à l'appartement de sa fille , et
lui dit. » Mère des graces , lève-toi
» et me suis ; prends pour t'accom-
» pagner les esclaves qui te plairont
» davantage. « Après avoir prononcé
ces mots , il descendit. Ouardi savoit
le malheureux sort de sa lettre ; elle

sentit qu'elle alloit quitter la maison paternelle pour un exil éloigné. Elle s'abandonna à la douleur et aux gémissemens. C'en est fait, on va la séparer pour jamais de celui qu'elle adore. Ce malheur ne fit qu'augmenter la violence de sa passion; elle s'écria : » Non, le feu qui me » consume ne s'éteindra qu'avec ma » vie. Si je revoyois un jour mon » amant ! si un ami sensible le rendoit à mes vœux ! O séjour qui me » vis naître, je t'abandonne, peut- » être pour toujours ! Au moins si » j'avois pu y recevoir celui qui » cause mes pleurs ! lui donner le » titre d'époux ! y reposer près de » lui sur ces coussins voluptueux ! » y livrer à ses transports, et mon » cœur et mes sens !.... lui verser

» de ma main un breuvage déli-
» cieux !... «

A peine elle avoit prononcé ces der-
nières paroles, qu'un esclave entra,
et lui dit : Princesse, descendez, le
visir vous attend. La belle Ouardi
se leva et descendit lentement au
milieu de ses femmes affligées. Arrivée à la porte de l'escalier (1), elle
s'arrêta, et remplie de son amour,
elle écrivit ces mots sur la muraille.

» O palais que j'habitai depuis mon
» enfance ! si mon amant se rend ici,
» au nom de Dieu, apprends-lui ma

______

[1] Le harem a deux escaliers, l'un par
où montent les hommes qui ont droit d'y
entrer ; l'autre destiné aux femmes seules.
Ouardi écrivit ces mots, au bas de ce dernier escalier, par ou son amant devoit être
introduit.

» destinée ! dis - lui : L'infortunée
» Ouardi a été enlevée avant l'au-
» rore, sans avoir pu goûter avec
» toi les délices de l'amour. Pour la
» payer des pleurs qu'elle a versés,
» pleure à ton tour, et lis sur cette
» pierre les signes de sa disgrace.
» Mes vœux ont été trompés ; mon
» père a surpris la lettre que je t'écri-
» vois. Si après mon infortune tu
» ne quittes ton palais pour me sui-
» vre , je me lèverai contre toi au
» jour du jugement, et je t'accuserai
» à la face de l'univers. «

Lorsqu'elle alloit partir, sa mère
accourut, l'embrassa tendrement, et
après avoir mouillé son visage de
ses larmes, lui dit : » O ma fille, qui
» peut lire dans l'avenir ? Peut-être
» un jour reviendras - tu rendre la

» joie à nos cœurs. O faute malheu-
» reuse qui nous force à ton exil !
» faut-il que par ta perte nous ache-
» tions l'honneur de notre famille !
» Tu pars , et le lieu où j'ai élevé ton
» enfance va devenir une solitude.
» Combien ta présence m'étoit chère !
» tu faisois ma gloire et ma consola-
» tion. Hélas ! mon bonheur s'enfuit
» avec toi ; la douleur seule me reste.
» Ton absence va couvrir mes jours de
» ténèbres. Ton appartement désert
» servira de retraite aux oiseaux noc-
» turnes. Je n'y entrerai plus. Hélas !
» la force m'abandonne. Mes habits
» sont devenus un poids insuppor-
» table. Ton départ me fait mourir. «

La tendre Ouardi suffoquée par les larmes et les sanglots, ne put répondre une parole. Elle baisoit en gémissant

les mains de sa mère, elle la pres-
soit contre son sein. Il fallut l'arracher de ses bras pour la faire monter
dans la litière qu'on lui avoit préparée. Alors elle sentit toute l'hor-
reur de sa destinée et parut comme
abymée dans la douleur. Le visir la
voyant dans cet état, oublia son courroux pour ne se souvenir que de sa
tendresse. » Ma fille, lui dit-il, n'a-
» joutez pas aux maux que souffrent
» vos parens. Je suis semblable à
» l'œil qui a perdu ce qu'il aime.
» Son mal s'aigrit, et le médecin
» lui manque. Mes jours vont se
» changer en nuits sombres. Je serai
» étranger dans mon propre palais.
» Mais ne renonçons pas à l'espé-
» rance ! Eh ! qui peut pénétrer les
» décrets du Très-Haut ? «

Les

Les chameaux qui portoient la malheureuse amante s'avançoient rapidement ; le Visir suivoit avec les femmes destinées à la servir : la lune éclairoit le cortége. Au point du jour, ils arrivèrent au bord du rivage , et montèrent sur le vaisseau qui les attendoit. Aussitôt le capitaine déploya la voile , et un vent favorable les poussa en haute mer. A peine le soleil avoit achevé la moitié de son cours , qu'ils aperçurent au bord de l'horizon la cime des monts de l'île Solitaire. Ils y abordèrent heureusement avant la nuit. Le visir parla avec douceur à sa fille , et la conduisit dans l'antique château bâti par ses pères. On y voyoit des appartemens d'une vaste étendue , dont le plafond étoit couvert d'étoiles d'or.

C

On les orna de tapis magnifiques , et de riches coussins ; des jets d'eau qui s'élevoient au milieu , entretenoient la fraîcheur , et faisoient entendre un' doux murmure.

Craignant les bruits du public , le visir se hâta de retourner à la ville. Conduit par un pilote habile , il franchit les écueils qui s'étendoient fort loin sous les eaux , et regagna la côte de Perse. Pour ne laisser aucune trace de son passage , il fit mettre en pièces le navire , brûla les voiles , et le lendemain rentra dans les murs d'Ispahan. L'infortunée Ouardi resta ensevelie dans une tristesse profonde ; elle passoit les jours et les nuits à gémir , et ne se nourrissoit que de ses larmes.

Cependant Anas-Eloujoud ayant

attendu pendant deux jours l'ordre de sa maîtresse, étoit en proie aux plus vives inquiétudes. Il avoit oublié la nourriture et le sommeil. Incapable de résister plus long-temps aux tourmens de l'incertitude, il se lève avant l'aurore, et affranchi de sa suite, il se rend furtivement au palais de Ouardi. Il monte sur l'un des murs : il ne voit, il n'entend personne ; il croit que tout sommeille encore ; il descend dans une cour qui conduit à l'appartement de sa maîtresse. Il voit sur la muraille les traits que sa main avoit tracés. Il étoit venu palpitant de joie ; il s'en retourna le cœur navré de tristesse. Voilà donc, s'écria-t-il, le sort de l'homme ! il se livre aux douceurs de l'espérance, et ne recueille que le désespoir. Anas-Eloujoud rentre dans son palais le regard consterné. Fut-il jamais, répétoit-il, de séparation plus cruelle ? Au moment où j'allois posséder une amante adorée, elle m'a été ravie. Séjour où le faste m'environne, tu ne seras plus ma demeure. Lambris dorés, tapis superbes, vous n'avez plus d'attraits pour moi. En prononçant ces mots, il jette son épée et tout ce qui sert à sa parure. Hé quoi ! ne peut-on avoir des ailes pour suivre une amante fugitive ? je la chercherai au bout de l'univers. Il revêt un habit grossier, afin de n'être point reconnu, prend un bâton signe de l'infortune, et court à la poursuite de celle qu'il aime.

Anas-Eloujoud ainsi déguisé, alla de ville en ville, de contrée en con-

trée. Il traversa des déserts affreux ,
erra dans des vallées profondes, et
sur les sommets des montagnes ,
demandant aux hommes , au ciel
et à la terre des nouvelles de son
amante. Long-temps il s'épuisa en re-
cherches inutiles ; long-temps l'écho
plaintif repéta seul ses gémissemens.
Enfin accablé de fatigues , il arriva
à l'entrée d'une grotte où demeuroit
un scheik courbé sous le poids des
ans. Il s'arrêta , plongé dans de tris-
tes réflexions. Toujours l'image de
Ouardi étoit présente à sa pensée.
L'amour qui lui en traçoit à chaque
instant la peinture , l'embellissoit à
ses yeux de toutes les perfections
humaines. Ivre de sa passion , il
s'écria : » O vous , habitans de cette
» grotte , ayez pitié du sort d'un

» malheureux étranger. N'auriez-
» vous point connoissance de celle
» qui a égaré ma raison ? La blan-
» cheur de son teint efface celle de
» l'albâtre ; ses joues sont plus ver-
» meilles que la rose ; ses cheveux
» tressés pendent en longs replis sur
» ses épaules ; son regard est plus pé-
» nétrant que le tranchant de l'acier.
» Hélas ! je l'ai perdue. Habitans de
» cette grotte, n'auriez - vous point
» connoissance de la belle Ouardi ? «

Le solitaire frappé de ce portrait,
sentit dans son sein les feux renais-
sans d'une flamme mal éteinte. Il
laissa la prière pour écouter l'amant.
» Jeune homme, lui dit-il, descends
» dans cette grotte, nous nous con-
» solerons l'un l'autre. Combien d'in-
» fortunés l'amour fit avant nous !

» Assieds-toi ; je tâcherai de trouver
» un remède à ta blessure. Rouvre
» ton ame au charme de l'espérance.
» Peut-être tes malheurs approchent-
» ils de leur terme. Repose-toi , et
» prends de la nourriture. «

Aussitôt le vieillard , dont la barbe
blanche descendoit jusqu'à la ceinture , et dont l'air vénérable inspiroit le respect, offrit à son hôte du
miel parfumé , des dattes fraîche-
ment cueillies , et des raisins de pour-
pre qui pendoient le long du rocher.
Il puisa dans le ruisseau qui cou-
loit à l'entour, de l'onde pure comme
le cristal. Après qu'Anas-Eloujoud
eut pris un repas frugal , il lui dit :
» Jeune homme , ta physionomie
» me plaît ; ton cœur n'est point cor-
» rompu. Je veux mériter ta confiance.

» Ecoute mon histoire, elle pourra
» servir à calmer tes chagrins : j'aurai
» la douce satisfaction de parler de ce
» qui m'intéresse à une ame sensible.«

» Je suis le fils du visir de Samar-
» cand. Mon père m'éleva dans la
» pompe de sa cour. Il exerça ma
» jeunesse au métier des armes, et
» je me distinguai dans les combats.
» Des exploits éclatans m'élevèrent
» au grade de commandant des ar-
» mées. Ma réputation me fit des
» jaloux ; mais la bienveillance du
» prince, et la faveur du visir me
» soutinrent dans ce poste dange-
» reux. Je jouissois d'un sort brillant;
» mon ambition étoit satisfaite : j'é-
» tois content; l'amour me perdit. La
» plus belle des esclaves du sultan
» m'aima. Je me rendis à ses invita-

» tions. Elle me combla de félicités,
» et tous mes instans furent voués à
» la tendresse. Je m'oubliai au sein
» des délices. L'œil de mes envieux
» perça le voile qui couvroit nos
» plaisirs. Ils avertirent le monarque.
» Cette découverte causa la ruine de
» ma famille, et la mort de mon
» amante. Je me sauvai sous l'habit
» d'un religieux. Je parcourus les cli-
» mats glacés de la Tartarie ; je des-
» cendis dans l'Inde des sommets du
» Thibet, je visitai les îles où crois-
» sent les parfums et les épiceries :
» je rentrai sur le continent, et après
» avoir traversé la Perse, épuisé de
» chagrins, de fatigues et d'ennuis, je
» me retirai dans cette solitude. De-
» puis quarante ans j'habite cet antre
» sauvage. Je vis des fruits de ces

» dattiers, et de la vigne qui tapisse
» ce rocher. L'eau de ce ruisseau est
» mon breuvage. Le croirois-tu, mon
» fils ? ce long espace de temps n'a pu
» effacer de mon cœur le souvenir
» de Nadira. Il y règne comme aux
» jours de mon bonheur. Je crois
» voir son ombre errante autour de
» cette grotte. J'entends sa voix dans
» le silence des nuits. Chaque jour je
» lui paie un tribut de larmes. Cha-
» que jour je gémis sur sa destinée,
» et regrette de n'être pas descendu
» avec elle dans la tombe. Ah Na-
» dira ! Nadira ! je te rejoindrai
» bientôt. Je touche à la fin de ma
» carrière. Pour toi, mon fils, qui ne
» fais que d'entrer dans la vie, prends
» courage, et puisses-tu être moins
» infortuné que moi ! Mais quel est

» l'événement qui t'a conduit daus
» ce lieu sauvage ? «

Anas-Eloujoud attendri, embrassa
le vieillard respectable, le mouilla de
ses pleurs, et après s'être remis de
son trouble, lui dit : » Je suis né dans
» la province de Cachemire. Des
» brigands m'enlevèrent des bras de
» mes parens, et me vendirent au
» roi des Perses. Ce prince charmé
» des dispositions heureuses que
» j'avois reçues de la nature, les a
» cultivées par des maîtres habiles,
» et m'a élevé aux premiers em-
» plois de l'état. Une bataille où
» je lui ai sauvé la vie à la tête des
» Mamlouks qui combattoient sous
» mes ordres, et où j'ai forcé la vic-
» toire à se déclarer pour lui, m'a
» entièrement gagné sa faveur. Je

» jouissois à sa cour de tout l'éclat
» des richesses , des attraits de la
» grandeur, et d'un crédit sans bor-
» nes. O mon père, la fille du visir,
» la p'us belle des vierges d'Ispahan,
» m'a inspiré une passion violente.
» J'ai tout sacrifié à l'amour, et de-
» puis trois ans entiers je la cherche
» sur la terre et sur les mers. Au
» moment où sa possession alloit me
» rendre le plus heureux des mortels,
» elle a disparu, et j'ignore en quels
» lieux un père barbare l'aura relé-
» guée. «

Le vieux derwich, après être resté
quelque temps plongé dans une rê-
vêrie profonde , s'écria tout-à-coup:
Si les lumières que je dois à mes longs
malheurs ne me font illusion , tu
trouveras celle que tu adores dans
une

une île située à l'extrémité du golfe
Persique : elle appartient au visir;
c'est dans cette solitude qu'il l'aura
bannie. Lève-toi et me suis. En disant
ces mots, il le conduisit à travers
une plaine sablonneuse dont le soleil
a depuis long-temps dévoré toutes les
plantes, et qui ne se couvre jamais
de verdure. Après plusieurs heures
d'une marche pénible, ils arrivèrent
par un sentier étroit, sur le sommet
des collines qui bordent l'Euphrate
du côté du midi. Vois-tu, lui dit le
vieillard, ce grand fleuve qui roule
vers la mer ses ondes impétueuses?
Descends, suis son cours, il te con-
duira vis-à-vis l'île Solitaire. Tu la
reconnoîtras aux hautes montagnes
qui l'environnent. Lorsque tu en
seras proche , tourne du côté du

sud-est , le seul endroit par où l'on puisse l'aborder. Après ces avertisse- mens le solitaire embrassa le jeune voyageur , fit des vœux pour le suc- cès de son entreprise , et s'en retourna pleurer l'infortunée Nadira.

Anas - Eloujoud ayant remercié son hôte généreux , et l'ayant com- blé de bénédictions , partit rempli de joie et d'espérance. Il descendit rapidement dans la vallée , et arriva sur le bord du fleuve. Impatient il s'élance dans un bateau , et engage le patron par de grandes promesses à le conduire au lieu qu'il désiroit. La voile est déployée , et le vent se- condant l'impétuosité du courant , les emporte comme un trait. Anas- Eloujoud n'aperçoit ni les troupeaux nombreux qui bondissent au milieu

des pâturages , ni les paysages rians
entrecoupés de ruisseaux qui ver-
sent dans l'Euphrate le tribut de leurs
ondes. Un seul désir l'anime , un
seul sentiment occupe son ame ;
dans la nature entière , il ne voit
que son amante , il ne voit que la
tendre Ouardi.

Déja il avoit franchi l'embouchure
du fleuve. La terre disparoissoit de
toutes parts. Il promenoit ses regards
inquiets sur l'immense étendue des
mers , lorsqu'il aperçut au bord de
l'horizon des pointes lumineuses qui
se confondoient dans l'azur des cieux.
Ce sont les rochers de l'île Solitaire !
il tressaille d'alégresse ; sa pensée
s'élance au-delà de ces barrières.
Fidèle aux avis qu'il a reçus, il di-
rige la proue du côté du sud-est. Il

approche ; les montagnes s'agran-
dissent ; son imagination ne l'a point
trompé. Cependant le pilote a vu
dans le ciel un point noir, signe de
la tempête, et son cœur a frémi. Il
veut retourner sur ses pas, et rega-
gner la terre. Anas-Eloujoud l'en-
courage et le force d'avancer. Le
nuage, presque imperceptible d'a-
bord, descend des cieux, et semblable à une vaste chaîne de montagnes,
il enveloppe une partie du firmament.
Le vent commence à soulever les
flots, la mer se rembrunit et mugit
sourdement. Déja elle blanchit de
son écume le pied des rochers. Les
vents redoublent, les vagues se pres-
sent, se heurtent, s'entassent, et por-
tent jusqu'au ciel la frêle nacelle, qui
redescend bientôt dans des gouffres

profonds. La mort les environne de toutes parts. Le pilote éperdu ne peut plus gouverner, et crie qu'ils vont être brisés sur les écueils. Anas-Eloujoud délie sa ceinture, et quitte une partie de ses vêtemens. Au même instant une vague mugissante vient fondre sur eux et les engloutit dans son sein. Le malheureux amant remonte sur l'abyme et nage avec effort vers le rivage. Il fend de ses bras nerveux les lames écumantes. Ayant vu le nocher fracassé contre les brisans, il fait un long circuit pour éviter une semblable destinée. Il se soutient long-temps contre l'impétuosité des vagues. Il s'aperçoit enfin que ses membres se roidissent, et qu'il ne peut plus lutter contre la tempête : il fait un dernier effort pour gagner un rocher voisin ; un flot l'y porte, il s'y attache. Des montagnes humides passent sur sa tête ; il retient son haleine et demeure immobile. Cependant l'orage se calme peu-à-peu ; le ciel reprend sa sérénité, et le malheureux amant recouvre l'espérance. Après une heure de repos, il s'élança de nouveau dans la mer et gagna le rivage. Il y resta d'abord étendu sans sentiment : les rayons du soleil le réchauffèrent ; il se trouva assez de forces pour se lever et gagner le penchant de la colline, où il se coucha dans un bosquet d'orangers, et s'endormit profondément.

Cependant la passion de la belle Ouardi s'étoit irritée par les obstacles. Toujours occupée de son amant, elle ne pensoit qu'a lui, et ne voyoit que son image. Ses jours s'écouloient dans les désirs et dans les pleurs. Pour la distraire, ses esclaves la conduisoient dans les bosquets enchantés dont l'île étoit couverte : un printems perpétuel y entretenoit une verdure sans cesse renaissante. Le myrthe, l'oranger, le grenadier à la fleur écarlate, et le jasmin d'Arabie y formoient des ombrages délicieux. Ils étoient peuplés de tourterelles et de petits oiseaux qui célébroient en chœur le lever de l'aurore et le coucher du soleil. Des ruisseaux argentés y couloient parmi les fleurs. Ouardi promenoit dans ces bocages l'idée de son amant. Elle cueilloit pour lui la grenade et l'orange ; elle tressoit des guirlandes de myrte pour en orner ses cheveux ; elle l'invitoit à s'asseoir sur le gazon naissant , à respirer les émanations balsamiques des plantes odorantes ; elle lui adressoit des discours passionnés : mais quand l'illusion se dissipoit , quand la triste vérité venoit éclairer sa raison , et qu'elle se voyoit séparée pour jamais d'Anas Eloujoud , ses forces l'abandonnoient , les pleurs inondoient son visage , et un morne chagrin s'emparoit de son cœur. Long-temps elle s'étoit flattée qu'il aborderoit dans son île ; mais une attente de trois ans l'ayant désabusée , elle se livra au désespoir , et résolut de s'échapper, dût-elle être abymée dans les flots. Elle trompa la vigilance de ses gardes , descendit par la fenêtre du côté de la mer , et marcha vers le rivage. Au lever de l'aurore, étant montée sur une roche élevée, elle parcourut des yeux l'étendue des eaux, et aperçut un pêcheur qui jetoit ses filets. Elle lui fit signe avec un mouchoir : il vogua vers elle, et resta quelque temps immobile de surprise, en voyant dans un lieu si désert cette jeune beauté couverte de ses riches vêtemens.

» Descendez dans ma nacelle, lui » dit-il, vous n'avez rien à craindre. » Seriez-vous une mortelle, ou de » l'ordre des Génies ? Fille céleste, » apprenez-moi qui vous êtes. Com- » mandez à votre esclave. «

» Je suis la fille d'un visir, ré- » pondit Ouardi, et l'amour m'a con- » duite en ces lieux. O pêcheur, « daigne me conduire à la première

» ville. Peut - être y apprendrai-je
» des nouvelles de mon amant. Je
» ne puis vivre plus long-temps éloi-
» gnée de lui ? « Elle descendit dans
la barque en s'essuyant les yeux.

Le nocher mit à la voile, et chanta
ces vers qu'il composa sur le champ :
» Je t'ai vue et un sentiment nou-
» veau s'est élevé dans mon ame.
» Qui n'aimeroit la beauté la plus
» parfaite du monde ? Elle a droit
» aux hommages de la terre. Ses
» yeux brillent d'une flamme divine.
» Ses cheveux tressés descendent en
» longs replis jusqu'à ses pieds. Ils
» répandent au loin les plus doux
» parfums. Cette beauté incompa-
» rable, devant qui l'arbre, quand
» elle passe, incline sa tête, est le
» chef-d'œuvre du Très-Haut. «

Le pêcheur, après trois jours de navigation, poussé par un vent favorable, arriva heureusement dans le port de Bagdad, ville célèbre où fleurissoient le commerce et les lois. Elle étoit gouvernée par un monarque qui rendoit la justice à ses sujets. Il avoit reçu à sa naissance le nom de Diouan. Ses exploits guerriers l'avoient rendu fameux ; mais la bienfaisance étoit sa vertu, et il ne se laissa jamais vaincre en générosité. Les fenêtres de son palais donnoient sur le port. Il aperçut Ouardi aux lèvres merveilles, à la taille élégante, et sentit une vive émotion. Etonné de voir une jeune beauté si magnifiquement vêtue dans la barque d'un pêcheur, il lui députa deux esclaves pour lui porter des paroles consolantes. Venez, lui dirent-ils, parler au sultan notre maître. Il est généreux, et ceux qui se mettent sous sa protection sont à l'abri de la violence. Ouardi se rendit en tremblant auprès du roi, et lui baisa la main. Ses larmes couloient, et son sein étoit agité.

» Jeune beauté, lui dit le prince,
» apprenez-moi quel hasard vous
» amène en ces lieux. Auriez-vous
» été enlevée par un barbare? ou
» seriez-vous victime de l'amour?
» Quel est votre nom, votre père,
» le lieu de votre naissance? «

» Sublime empereur, répondit-elle,
» Ouardi est mon nom. Mon origine
» est illustre. Mon père est né du sang
» des rois. Il jouit d'une grande au-
» torité. Lorsqu'il marche en public,

deux

» deux mille porte-lances accompa-
» gnent ses pas. Il s'appelle Ibrahim ;
» il est visir du sultan Chamer, qui
» gouverne le royaume d'Ispahan.
» Une passion funeste pour un jeune
» seigneur de sa cour a causé ma dis-
» grace, mon exil et mes pleurs.
» Elle m'a fait bannir du sein de ma
» famille. Hélas ! quand je l'aimai,
» j'ignorois à quels tourmens expose
» l'amour. Anas-Eloujoud est le nom
» de mon amant. Il surpasse en grace,
« en noblesse et en valeur tous les
» jeunes gens de son âge. Ce n'est
» qu'en me réunissant à lui que je
» puis voir tarir la source de mes
» larmes. «

Qu'on appelle le visir, dit le sultan. — Prince, me voici prêt à exé-
cuter vos ordres. — Prends quatre-

vingts chameaux ; charge-les des étoffes les plus précieuses, pars, et sans t'arrêter, rends-toi auprès du sultan Chamer. Tu lui diras : « L'em- » pereur Diouan te salue. Il te de- » mande une faveur. Envoie lui Anas- » Eloujoud. Il désire voir ce seigneur, » dont la renommée publie tant de » merveilles. « Le visir partit pour son ambassade.

Le soleil dégagé des vapeurs de l'horizon, versoit sur la terre des flots de lumière. Il rendoit la vie aux plan- tes, et la joie aux êtres animés : déja il avoit parcouru le tiers de sa car- rière, les concerts des oiseaux célé- broient sa présence. Leur ramage éveilla Anas - Eloujoud : il souleva sa tête encore appesantie des pavots du sommeil. Un songe l'avoit agité pendant la nuit. Il avoit cru voir la belle Ouardi s'approcher de lui, lui parler tendrement, et l'inviter à la suivre. Après d'inutiles efforts pour le réveiller, .elle s'étoit sauvée à travers les ondes, en poussant dans les airs des cris plaintifs. L'esprit troublé de sa vision, il se lève, sort du bocage, et aperçoit un château construit au milieu de l'île. Un rayon d'espérance ranime son courage. Il marche en tremblant vers l'asyle qui doit receler son amante. Lorsqu'il y fut arrivé, un portier lui demanda d'un air sévère : » D'où » viens-tu ? où vas-tu ? et quel est » ton dessein ? Nul étranger ne peut, » sans s'exposer à la mort, entrer » dans cette solitude. Parle, et dis la » vérité. «

» Je suis, répondit Anas-Eloujoud,
» un négociant infortuné : j'avois
» chargé de soie un bâtiment. La
» tempête a fondu sur nous, et nous
» a précipités sur les écueils. Je suis
» seul échappé au naufrage. Vois
» cette tunique qui couvre à peine
» ma nudité. C'est tout ce qui me
» reste de ma fortune. « Le portier,
touché de son sort, le laissa entrer.
Un silence profond régnoit dans les
cours du palais. Il les parcourut sans
y trouver un seul habitant ; les esclaves étoient occupées à la recherche
de leur maîtresse. Il pénètre dans
les bosquets que la belle Ouardi venoit d'abandonner. Il aperçoit sur
l'écorce des orangers le chiffre de son
amante gravé à côté du sien. Leurs
noms y étoient entrelacés. Il ne doute

plus qu'il ne soit près de celle qu'il
adore. Son cœur palpite de crainte
et d'espérance. Il ne sait de quel côté
porter ses pas. Tantôt il court dans
les dédales tortueux de ces rians
bocages ; tantôt il s'arrête pour écouter s'il n'entendra point la voix de
sa divinité. Le murmure de l'onde
qui fuit trouble son cœur ; la feuille
que le zéphyr agite le fait frissonner.
Il frémit au moindre bruit , et il
est hors de lui-même en marchant
sous des ombrages où la belle Ouardi
s'est reposée. Pendant qu'il erre
çà et là dans ces jardins , il ren-
contre les femmes éplorées qui cher-
choient leur maîtresse. A l'aspect
d'un homme , elles sont épouvantées.
» Rassurez-vous, leur dit-il , vous
» n'avez rien à craindre d'un malheu-

» reux étranger que la tempête a jeté
» sur cette côte solitaire. Mais pour-
» quoi répandez-vous des larmes ?
» Hélas ! lui répondirent-elles , le
» visir d'un grand roi nous avoit
» confié la garde de sa fille; elle s'est
» échappée cette nuit : nous ne la
» retrouvons point. Lorsqu'il saura
» cette nouvelle , il nous fera trancher
» la tête. « Anas-Eloujoud ne douta
plus que cette île ne fût le lieu où
son amante avoit été reléguée , et il
courut avec elles à sa poursuite.

Le visir du roi Diouan étoit arrivé
à la cour d'Ispahan. Il se rendit au
palais de Chamer , et après avoir été
admis à son audience , lui dit: Empereur magnifique , le sultan Diouan
m'envoie vers toi; il te salue, et
te prie de laisser venir à sa cour

Anas-Eloujoud , dont on vante les talens et les exploits. Reçois les félicitations de mon maître , et quatre-vingts chameaux chargés de richesses. Ces présens sont encore au - dessous de ta puissance et de ta majesté.

Hélas ! s'écria Chamer , où trouver Anas-Eloujoud ? Il y a trois ans qu'il a disparu. Je l'ai vainement fait chercher dans tous mes états. Il étoit général de mes armées, et mon grand échanson.

Empereur glorieux , répliqua l'ambassadeur , une jeune fille est arrivée depuis peu à Bagdad , elle se nomme la princesse Ouardi , elle aime Anas-Eloujoud et pleure son absence. Elle aura causé sa fuite, s'écria le sultan : qu'on m'amène son père. — Me voilà à tes pieds, lui dit le visir. — Si tu ne pars à l'instant , si tu ne viens ici avec Anas-Eloujoud , tu n'échapperas pas à ma vengeance. Je ferai périr jusqu'au dernier rejeton de ta race.

Le père de Ouardi partit pour l'île Solitaire , et l'ambassadeur de Diouan reprit la route de Bagdad , et rendit compte de sa mission. La nouvelle de la fuite d'Anas-Eloujoud , l'incertitude de son sort causèrent à la belle Ouardi de nouveaux chagrins. Elle trembla pour ses jours et pour ceux de son père. La bonté du prince qui l'avoit accueillie si favorablement, le palais magnifique où il l'avoit logée, le jardin superbe qu'il lui avoit donné , les nombreuses esclaves qu'elle commandoit en souveraine , ne pouvoient adoucir ses ennuis.

Est-il rien qui console de la priva-
tion de ce qu'on aime ? » Malheureux
» amour, répétoit-elle souvent, sen-
» timent délicieux auquel je m'étois
» livrée avec tant de volupté, faut-il
» que tu sois mêlé de tant de peines !
» Je suis bannie de ma famille ; j'ai
» laissé une mère dans les larmes ;
» j'ai mis en danger la vie d'un père
» qui me chérissoit, et tous ces
» malheurs ensemble ne sauroient
» me faire renoncer à mon amant.
» Je m'efforce d'arracher son sou-
» venir de mon cœur, et il s'y attache
» davantage. Je veux l'oublier, et je
» l'adore. Ah ! s'il périssoit victime
» de la funeste passion que je lui ai
» inspirée ! Hélas ! je me tourmente
» nuit et jour sans pouvoir me guérir.
» O mort ! viens apporter du remède

» à mes souffrances. « C'étoit ainsi que l'amoureuse Ouardi s'abandonnoit aux plaintes et aux gémissemens.

Le visir Ibrahim arrivé dans l'île, trouva les esclaves en pleurs. Malheureuses, leur dit-il , qu'avez-vous fait de ma fille ? —— Seigneur nous avons mérité la mort. Notre maîtresse a trompé notre vigilance , et s'est sauvée à la faveur des ténèbres. Nous l'avons vainement cherchée. Un négociant qui a fait naufrage sur cette île à inutilement parcouru toute l'île avec nous. —— Vous sentirez les effets de ma vengeance , dit le visir ; mais quel est cet étranger ? Seigneur nous ne le connoissons point. La tempête , dit-il , a brisé son navire sur les rochers qui environnent cette île, il a perdu toutes ses richesses ; le malheur l'a privé de sa raison ; il pousse des soupirs ; il se roule sur le sable , et quelquefois il colle ses lèvres sur l'écorce des arbres. —— Qu'on le fasse venir. —— A ces mots une esclave se détacha ; elle courut dans les bosquets , et trouva Anas-Eloujoud plongé dans une sombre rêverie. Etranger, lui dit-elle, suivez-moi, le visir vous demande. Au nom du visir, il demeura interdit. Cependant il se rendit au sallon où il étoit attendu. Ibrahim , malgré le changement de ses habits, et le chagrin qui avoit flétri l'éclat de sa jeunesse , le reconnut sur le champ :

» Malheureux jeune homme, lui » dit-il, à quels maux tu nous expo- » ses ! Rends-moi ma fille , l'honneur » de ma maison, la consolation de

» ma vieillesse. Tu l'as perdue. Elle
» erre maintenant de ville en ville,
» comme une victime abandonnée,
» tandis que le sultan , pour me
» punir de ton crime , demande ma
» tête. « O mon père , s'écria Anas-
Eloujoud , n'outrage point la belle
Ouardi , et pardonne à la passion
qui nous a égarés. Regarde - moi
comme ton fils. Il n'est rien que je
ne fasse pour mériter ce titre ; mais
n'exige pas de moi le sacrifice d'un
sentiment auquel je ne renoncerai
jamais. Ces tendres paroles désar-
mèrent le courroux d'Ibrahim. Il embrassa celui qui le nommoit son père,
et ils confondirent ensemble leurs
soupirs. Il le força de quitter ses
vêtemens , le couvrit de soie et d'or ,
ui ceignit un riche cimeterre, couvrit

sa

sa tête d'un turban orné de pierreries,
et se prépara à le conduire à Ispahan.
Anas-Eloujoud, baigné, parfumé, richement vêtu, parut encore le plus
beau des seigneurs de la cour. Ses
joues avoient moins de coloris, ses
yeux moins de vivacité, mais sa
pâleur lui donnoit un air plus tendre,
et la flamme mourante qui respiroit
dans ses regards, inspiroit un intérêt
dont on ne pouvoit se défendre. Lorsqu'il se fut reposé pendant deux
jours, Ibrahim lui dit : » Le sultan
» m'a chargé de te ramener auprès de
» lui. Sans doute qu'il permettra ton
» mariage avec ma fille. L'infortunée
» passe sa vie dans la douleur. Elle
» s'est retirée à la cour de l'empereur
» Diouan, qui s'intéresse à son sort.
» Il la retient dans son palais, et a

F

» envoyé un ambassadeur à notre
» sublime maître, pour qu'il te per-
» mette d'aller à Bagdad. « Volons-
y, dit Anas-Eloujoud. C'est-là qu'est
celle que j'aime. Ne retournons point
à Ispahan. —— Chamer a commandé,
et ma tête répond de l'exécution de
ses ordres. —— Je ne résiste plus; mais
savons - nous le destin qui nous y
attend ?

Les pressentimens du grand échanson étoient bien fondés. Les courtisans redoutoient son arrivée. Ils crai-
gnoient de le voir une seconde fois
posséder toute la faveur du prince.
Une foule d'envieux entoura le monarque ; ils profitèrent du moment pour
perdre celui dont les talens, les vertus
et la gloire, les avoient long-temps
éclipsés. Ils le peignirent comme

un jeune débauché qui, oubliant la reconnoissance qu'il devoit à son souverain, l'avoit lâchement abandonné pour suivre une fille sans pudeur. Ils insinuèrent qu'Ibrahim étoit lié secrétement avec les ennemis de l'Etat, qu'il avoit fait un traité avec l'ambitieux Diouan pour remonter sur le trône de Perse, et faire passer la courone sur la tête d'Anas-Eloujoud, en lui donnant sa fille. Ils assurèrent que l'ambassade du roi de Bagdad n'avoit d'autre objet que de reconnoître les forces du royaume, pour l'attaquer à la première occasion. Les chefs des Mamlouks, qu'Anas-Eloujoud avoit menés plus d'une fois à la victoire, furent les seuls à désapprouver, par leur morne silence, ces affreuses calomnies. On les fit passer pour complices, et quelques-uns d'eux furent disgraciés. Les perfides courtisans ayant perdu dans l'esprit du prince ces deux innocens, et craignant qu'ils ne parvinssent à se justifier, obtinrent l'ordre de les faire arrêter avant qu'ils entrassent dans la capitale.

Le Visir et le grand échanson retournoient vers Ispahan. Anas-Eloujoud, porté sur les ailes de l'espérance, se repaissoit de l'idée flatteuse de s'unir à son amante. Avant de partir, il lui avoit écrit cette lettre : » O toi » qui la première m'as fait connoître » la puissance de l'amour, essuie tes » larmes ; nos maux touchent à leur » terme. Pendant trois ans nous » avons éprouvé les rigueurs de l'ad- » versité ; mais le moment approche

» où nous jouirons d'un bonheur
» sans nuage. Le sultan me demande ;
» sans doute qu'il permettra notre
» union. Nous pourrons donc nous
» aimer sans alarmes ! J'ai parcouru
» les bosquets où ta main grava nos
» noms sur l'écorce des orangers ; je
» les ai couverts des baisers de l'a-
» mour : ces lieux étoient remplis de
» ta présence ; j'en étois environné ;
» je la respirois avec l'air ; je la sen-
» tois sur les fleurs. Que leurs par-
» fums étoient suaves ! la main de
» Ouardi les avoit touchées. Ame de
» ma vie, c'en est fait, nous allons
» nous réunir pour ne nous séparer
» jamais. « Un messager fidèle auquel
il confia cette lettre la porta dans les
murs de Bagdad.

Cependant les deux voyageurs approchoient d'Ispahan ; il n'en étoient plus qu'à une demi-journée , lorsqu'une troupe de satellites les arrêta au nom du roi : en vain leur firent-ils des représentations, en vain voulurent ils résister ; il fallut céder à la force, et ils furent enfermés dans un château. Ce fut pour eux un coup de foudre ; ils demeurèrent comme anéantis ; ils confondoient leurs larmes , sans pouvoir prononcer une parole.

La belle Ouardi avoit reçu l'écrit de son amant ; elle l'avoit lu cent fois , et cent fois couvert de baisers.—— » Je reverrai donc celui qui » fait le charme de ma vie ! je pourrai » le serrer contre mon sein ! le con- » soler des maux qu'il a soufferts ! » Mon père lui a pardonné. Je serai

» rendue à ma famille ! j'essuierai les
» pleurs de celle qui me donna le
» jour , qui éleva mon enfance !
» Amour, que tu me causes de plaisirs !
» mon ame en est inondée. Mais si
» le sultan retenoit Anas-Eloujoud !
» Oh non! voudroit-il rendre malheu-
» reux celui qu'il combla de tant de
» bienfaits ? « Dès ce moment elle se
livra aux amusemens de ses com-
pagnes ; elle permit à ses esclaves
de former des danses devant elle ,
de chanter des airs tendres ; elle-
même se méloit à leur jeux. Souvent
assise au fond d'un bosquet ombragé
par des orangers chargés de fleurs et
de fruits , elle accompagnoit avec le
sistre sa voix mélodieuse. La passion
qu'elle mettoit dans son chant , passoit dans l'ame de ceux qui l'enten-

doient ; un silence profond régnoit autour d'elle ; les oiseaux suspendoient leur ramage ; zéphyr retenoit son haleine ; le ruisseau fugitif oublioit son murmure, et l'écho redisoit avec joie ses sons harmonieux. Quelquefois le sultan venoit l'entendre et l'écoutoit des heures entières avec ravissement. Qu'une ame fortement passionnée a de pouvoir sur les êtres sensibles ! elle fait passer en eux tous les sentimens dont elle est pénétrée, et leur procure une nouvelle existence.

L'espoir avoit rendu à Ouardi tout l'éclat de sa beauté. Dans les fêtes que donnoit le sultan, on admiroit sa bonne grace et sa légèreté ; toutes les fois qu'elle paroissoit en public, on entendoit de toutes parts

un murmure d'approbation ; lorsqu'elle se mêloit à la conversation
on ne pouvoit assez louer le charme
de son esprit. Tant de perfections
avoient fait sur le cœur de Diouan
une impression profonde , mais sa
générosité l'emportoit sur l'amour,
et il avoit juré par sa tête de la rendre heureuse.

Pendant un mois elle attendit l'effet des promesses d'Anas-Eloujoud.
Bientôt la joie fit place aux inquiétudes ; des songes sinistres troublèrent
son sommeil : le jour elle montoit
sur la terrasse de son palais pour
voir si elle ne découvriroit point
dans la campagne le cortége de son
amant ; elle y passoit des heures entières ; chaque voyageur qu'elle aper-
cevoit la faisoit tressaillir. Souvent

ses yeux fatigués lui représentoient une troupe de cavaliers richement vêtus galoppant vers les murs de Bagdad : c'étoit Anas-Eloujoud, elle reconnoissoit ses traits, elle étoit transportée d'aise. Bientôt le charme se dissipoit, et la laissoit en proie au noir chagrin. Incapable de soutenir plus long-temps les tourmens de l'incertitude, elle appelle un des officiers qui la servoient, lui ordonne de se déguiser en Persan, de se rendre en hâte à Ispahan, et de lui rapporter des nouvelles d'Anas-Eloujoud et de son père. Il part, et déja elle demande au ciel son retour.

La fille du visir avoit perdu sa gaieté. Absorbée dans une sombre mélancolie, elle fuyoit le tumulte de la cour, et demeuroit renfermée dans

son palais, où elle se livroit librement
à sa douleur. Son esprit ne se repaissoit que d'images lugubres ; chaque
jour elle mesuroit l'espace qui sépare
Ispahan de Bagdad, et accusoit la len-
teur de son messager. Enfin il arriva.
Eh bien , quelle nouvelle , lui de-
mande-t-elle précipitamment ? Le
courrier, après s'être incliné profondément, et avoir touché le tapis de
son front, lui dit : Princesse, le visir
votre père est déposé , et enfermé
dans une prison ; Anas-Eloujoud est
enveloppé dans sa disgrace : le peuple
les plaint , mais leurs ennemis sont
puissans ; on craint qu'ils ne bornent
pas là leur vengeance. A cette nouvelle la malheureuse amante se ren-
versa sur le tapis , et demeura sans
sentiment. Ses femmes s'efforcèrent

de la ramener à la vie, et versèrent sur son visage des eaux spiritueuses. —— Barbares, s'écria-t-elle d'une voix entrecoupée, que faites-vous? ah! laissez-moi mourir : puis elle ferma les yeux, et resta long-temps sans connoissance. Après bien des soins, elle les r'ouvrit pour verser un torrent de larmes : elle se frappoit la poitrine, en s'accusant d'avoir causé la mort d'un père et d'un amant. Les femmes qui l'entouroient essayoient vainement de la consoler ; rien ne pouvoit calmer la violence de son désespoir. Tout-à-coup ses pleurs s'arrêtent, ses sanglots sont étouffés, son regard est immobile ; elle paroît absorbée dans une profonde méditation ; tout autour d'elle imitoit ce morne silence. Elle le rompt enfin,

et

et s'écrie : Qu'on m'apporte mes plus
beaux habits, et qu'on s'occupe de
ma parure. Elle dit, et à l'instant
on s'empresse de lui obéir : on tresse
ses cheveux d'ébène, et l'on y mêle
des parfums ; on forme sur ses tem-
pes deux croissans de perles fines ; on
couronne sa tête d'un chale de Cachemire orné d'un cercle de diamans ;
une robe flottante d'un bleu céleste
à fleurs d'or, marque sa taille, et laisse
voir les contours arrondis de son
corps ; une riche ceinture la serre
mollement, et tombe négligemment
d'un côté jusqu'au dessous du ge-
nou ; un voile d'une blancheur éclatante, entouré d'une broderie pré-
cieuse, couvre ses charmes. Ainsi
vêtue, elle appelle le premier de ses
officiers, et lui ordonne d'aller de

G

sa part demander au sultan une audience secrète. Aussitôt l'empereur
commanda les eunuques d'aller prendre la princesse, et de la conduire à son
palais. Misram obéit promptement.
La belle Ouardi s'inclina en entrant,
et voulut se jeter aux genoux de son
bienfaiteur. Diouan l'ayant relevée,
la fit asseoir à ses côtés, et lui demanda le sujet de sa venue, et quelle
grace il pouvoit lui accorder. La fille
du visir, après être restée quelques
instans sans pouvoir prononcer une
parole, se fit violence, et dit :
» Grand roi, mon cœur est pénétré
» de tes bontés, et ma vie sera trop
« courte pour les reconnoître ; mais,
» hélas ! mon malheur est extrême.
» mon père et mon amant sont arrêtés ;
» l'envie a profité de leur absence

» pour les calomnier. On va les met-
» tre à mort, si ta protection puis-
» sante n'arrête le glaive levé sur
» leur tête. Empereur magnanime,
» mets le comble à tes bienfaits,
» sauve ma vie en conservant leurs
» jours. Elle ne put en dire davan-
» tage, et sa voix s'éteignit dans les
» sanglots. «

Le sultan fut vivement ému de ce
discours : il avoit connu l'amour, et
il étoit sensible au sort des malheureux. Ouardi en pleurs n'en étoit
que plus touchante : il sentit vivement le pouvoir de ses charmes, et
résolut de couronner la protection
qu'il lui avoit accordée, en lui conservant ce qu'elle avoit de plus cher
au monde ; d'ailleurs il regardoit
comme un affront le refus du sultan

Chamer , et il jura d'en tirer vengeance. Il commanda au visir de
partir pour la Perse , de demander
en son nom la liberté des deux prisonniers , et de lui faire passer sur-
le-champ la réponse de Chamer. Ces
soins , et les discours touchans de
Diouan , calmèrent un peu la douleur de la princesse : elle rentra dans
son palais , accompagnée de la douce
espérance.

Les inquiétudes de Ouardi recommencèrent bientôt : quelquefois elle
voyoit les bourreaux prêts à faire
couler un sang qu'elle eût voulu
payer du sien ; d'autres fois elle se
flattoit que la prière de Diouan arrê-
teroit leur bras. Tour-à-tour elle
passoit de la crainte à l'espoir , et
chacune de ces affections lui faisoit

éprouver des agitations violentes. Les jours lui sembloient des siècles ; l'incertitude l'accabloit d'un poids insupportable. Ames sensibles, voilà votre sort : vous achetez par des tourmens tous vos plaisirs ; mais un seul, goûté avec délices, fait oublier des années d'infortune.

Le visir arrivé sur la frontière de Perse , avoit fait savoir au sultan Chamer le sujet de sa mission, et demandé la permission de se rendre à Ispahan, pour traiter de la liberté des deux prisonniers. Le conseil s'assembla ; les ennemis du grand échanson et du visir y dominèrent : ils peignirent l'ambassadeur de Bagdad comme un émissaire dangereux, qui s'efforceroit de soulever les peuples en leur faveur. Ils supposèrent une rebellion prête à éclater , la vie du monarque menacée , et le sceptre sur le point de passer en d'autres mains. L'empereur trembla dans son propre palais : on signifia à l'ambassadeur l'ordre de se retirer. On resserra davantage les deux innocens captifs , et on délibera si on les sacrifieroit à la sureté publique. Un courrier porta cette nouvelle à Bagdad.

Le sultan Diouan ne garda plus de ménagemens ; il rassembla ses guerriers , et dans peu de jours il marcha vers la Perse à la tête de cent mille combattans. En partant , il fit dire à la princesse qu'elle essuyât ses larmes , et qu'il lui rendroit son père et son amant. Ces paroles jetè-rent dans son cœur de nouvelles ter-reurs ; elle sentit combien le mal étoit grand , puisqu'il falloit y apporter un semblable remède. Elle adressa des vœux au ciel pour la prospérité des armes du sultan. Toutefois elle se reprochoit son amour comme un crime.

L'empereur de Bagdad arrivé sur la frontière ennemie , avoit dissipé les divers corps de troupes qui avoient voulu lui disputer le passage : semblable à un fleuve impétueux qui ayant rompu ses digues , entraîne dans son cours les troupeaux , les bergers , les villages , il avoit renversé des remparts , terrassé des armées , et marchoit droit à Ispahan. Lorsqu'il fut arrivé dans cette vaste plaine, d'où l'on découvre aux bornes de l'horizon , les hautes tours de la capitale , il vit deux cent mille hommes rangés en bataille, prêts à l'arrêter dans sa marche. Soixante mille cavaliers postés sur les ailes, n'attendoient pour l'attaquer que le signal des combats. Le sultan paroissoit au centre, entouré d'un corps d'élite, et monté sur un coursier superbe. Les escadrons étoient hérissés d'une forêt de lances; les casques et les boucliers d'airain réfléchissoient au loin la lumière du soleil; le hennissement des chevaux, le bruit sourd des tambours, les sons de la trompette éclatante, portoient dans les cœurs généreux l'ardeur de la guerre, et glaçoient d'effroi les lâches. L'intrépide Diouan ne fut point effrayé du nombre des ennemis; mais, pour épargner le sang, il envoya un héraut au roi des Perses, lui dire qu'il alloit se retirer, rendre

les places conquises, si on lui remet-
toit Anas-Eloujoud et Ibrahim. On
regarda cette démarche comme l'effet
de la crainte, et on viola le droit des
gens en tuant son envoyé.

Cette action barbare fit naître
l'indignation dans tous les esprits,
et les anima à la vengeance. L'empereur Diouan disposa sagement
ses troupes, fit avancer sur les ailes
des corps de cavalerie légère, afin de
n'être pas enveloppé. Pour lui, il se
plaça en face de Chamer, à la tête de
dix mille Mamlouks, accoutumés
dès leur enfance au métier des armes.
Les deux armées s'étant ébranlées,
les troupes avancées en vinrent aux
mains; des nuées de flèches volèrent
dans les airs; la terre retentit sous
les pas des coursiers; des tourbillons

de poussière enveloppèrent les combattans : on entendoit de toutes parts les cris des guerriers, le cliquetis des épées, le choc des lances et de l'airain fracassé. Le démon de la guerre souffloit la rage dans tous les cœurs, et l'ange de la mort, volant de rang en rang, marquoit ses victimes. Des flots de sang rougissoient la terre. Les hommes, les chevaux expirans, étoient entassés par monceaux. Long-temps la victoire demeura incertaine : tantôt elle favorisa les Persans, et ils repoussèrent leurs ennemis ; tantôt elle passa du côté des peuples de Bagdad, et ils portèrent le ravage parmi les habitans d'Ispahan. Enfin elle parut s'attacher au parti le plus nombreux, et les troupes de Diouan commencèrent à plier. Déja son infanterie étoit enfoncée : le corps de bataille où il combattoit résistoit encore ; les cavaliers encouragés par son exemple repoussoient avec intrépidité tous les assauts des ennemis. Bientôt il se vit enveloppé, et sans perdre courage, il résolut de ne quitter le champ de bataille qu'avec la vie.

En ce moment un jeune guerrier semblable au dieu des combats, s'ouvroit un passage à travers les Persans, suivi de deux mille cavaliers ; il renversoit leurs bataillons, et marchoit précédé de la terreur et de la mort ; c'étoit Anas-Eloujoud : les Mamlouks ses frères d'armes, qui l'avoient chéri pendant sa faveur, et qui déploroient sa disgrace, s'étoient détachés de l'armée au commencement du combat, avoient brisé ses fers, armé son bras,

et venoient combattre sous ses ordres.
L'amour et la vengeance l'animoient :
il fit des prodiges de valeur, rallia
les fuyards, repoussa les vainqueurs,
et pénétra jusqu'au corps que commandoit le vaillant Diouan. Prince,
lui dit-il, volons à la victoire. A
l'instant il se précipite au plus fort de
la mêlée, perce jusqu'au bataillon
royal d'Ispahan, et le fait reculer.
Il sembloit qu'un dieu eût ranimé les
guerriers de Bagdad. Ils reviennent
sous leurs étendards, suivent leur
guide, et tombant sur des troupes
dispersées, les forcent à prendre la
fuite. La déroute fut générale, et Chamer se sauva avec peine dans les
murs de la capitale, avec les débris
de son armée. On le poursuivit, et
il se vit contraint d'acheter par un
tribut

tribut la possession de ses états. Anas-Eloujoud, après avoir embrassé le généreux Diouan, qui le combla d'éloges, écrivit ces mots à son amante, sur le champ de bataille : » Nous sommes sauvés, Ibrahim et » moi nous avons combattu sous les » drapeaux de l'invincible Diouan, » et la victoire s'est déclarée en notre » faveur. Astre de mes jours, réjouis- » toi, nos malheurs sont finis ; tout » ce que tu as de plus cher au monde » te sera rendu : jouis du bonheur » qui nous attend. L'amour a cou- » ronné la constance, je vole dans » tes bras. «

Le courrier arriva le front joyeux ; et après s'être précipité aux pieds de la princesse, il lui remit la lettre de son amant. Elle ne put achever de la lire ; ses yeux se couvrirent d'un nuage ; elle perdit l'usage de ses sens. Revenue a elle , Ouardi doutant de son bonheur , relut la lettre , et la relut encore. Elle dit au courrier : La nouvelle que tu m'annonces est-elle véritable ? connois-tu Anas-Eloujoud ? est-ce lui qui t'a remis cet écrit ?——Princesse , je combattois à ses côtés , et de cette main vaillante dont il a terrassé les ennemis , il a écrit ce billet , qu'il m'a ordonné de vous apporter sur-le-champ. Alors elle fit revêtir le messager d'un riche caftan, et détachant une aigrette d'émeraudes qui paroit ses cheveux , elle ajouta : Retourne vers ton maître ; porte-lui ce témoignage de ma joie : qu'il attache à son turban ce présent digne d'orner la tête d'un vainqueur. Le courrier partit ; la belle Ouardi se livra toute entière au plaisir d'une si heureuse nouvelle : cent fois elle relut la lettre de son amant ; cent fois elle la pressa contre son cœur, et la couvrit de larmes et de baisers.

Cependant le sultan approchoit à la tête de l'armée ; il étoit monté sur un superbe cheval de l'Iémen, qui frappoit fièrement la terre, et blanchissoit son mords d'écume ; sa longue crinière flottoit au gré du vent, et ses yeux lançoient des éclairs. Anas-Eloujoud marchoit à sa droite, couvert d'un casque d'or, et revêtu de la parure des guerriers : les deux visirs suivoient ; toutes les troupes défiloient en bon ordre, enseignes déployées, au bruit des acclamations du peuple. Cette marche triomphante passa sous les fenêtres de Ouardi : elle vit son père, le sultan et son amant. Ce fut le moment le plus doux de sa vie ; elle ne pouvoit se rassasier de contempler ce qu'elle avoit de plus cher au monde ; l'amour s'embellissoit encore dans son cœur de l'éclat de la gloire.

Tandis que les guerriers conduisoient le sultan au palais, la mère de Ouardi arrivoit dans une litière portée par des chameaux. Cette tendre fille descendit précipitamment, se jeta à ses pieds, les mouilla de ses pleurs, puis la serrant dans ses bras la conjura de pardonner ses égaremens. — Ma fille, ils sont oubliés ; je mourrai contente, puisque j'ai le bonheur de te revoir. Ton exil avoit empoisonné ma vie ; combien il m'a fait répandre de larmes. Mais enfin je serre ma fille contre le sein qui l'a nourrie : tout est pardonné ; je suis la plus heureuse des mères.

Pendant qu'elles se livroient à ces épanchemens délicieux que la nature a mis dans le cœur de l'homme pour le consoler de toutes ses peines , le sultan, accompagné du vieil Ibrahim, monta à leur appartement. Ouardi se prosterna devant lui. L'empereur la releva promptement, et lui dit avec bonté : Embrassez plutôt le visir. Alors elle se jeta dans les bras de son père. Le vieillard au comble de la joie , lui dit : Voilà le sultan magnanime auquel nous devons la vie ; remerciez-le , ma fille. Mais elle ne pouvoit prononcer une parole ; ses regards animés, son sein agité et ses pleurs, exprimoient seuls sa reconnoissance : » Votre père, ajouta le » sultan, sera mon second visir. Anas- » Eloujoud occupera près de ma per- » sonne le poste qu'il avoit en Perse. » Je le nomme commandant général » de mes armées ; préparez-vous à » recevoir sa main. Demain au cou- » cher du soleil il sera votre époux. » Ce palais et cent mille sequins com- » poseront la dot que j'assigne à » Ouardi ; il est juste de la dédom- » mager des maux qu'elle à soufferts.« En disant ces mots, il se retira. Le visir et sa fille lui baisèrent la main, et firent mille vœux pour la prospérité de son règne. Cette heureuse famille passa une partie de la nuit à se consoler mutuellement, à se réjouir de ce bonheur inespéré, à goûter les doux sentimens de la tendresse paternelle et de la piété filiale.

La jeune amante étoit trop émue pour se livrer au repos ; sa félicité passoit son espérance. Au milieu de ses transports elle doutoit quelquefois si ce n'étoit pas un songe : son ame s'enivroit à longs traits des délices de l'amour. Anas-Eloujoud couronné par la victoire lui sembloit un dieu ; elle craignoit de n'être plus assez belle. Avant l'aurore elle appela ses femmes et s'occupa de sa parure. Quoique le baume du sommeil n'eût point rafraîchi ses appas, le contentement de son cœur animoit ses traits, et les roses de ses joues reprirent leur éclat. L'amour avoit mis son flambeau dans ses yeux ; et si ses longs chagrins avoient laissé de légers nuages sur son front, loin de nuire à sa beauté, ils ne la rendoient que plus touchante. Lorsqu'elle fut revêtue de ses superbes habits, et qu'un voile brillant d'or et de pierres précieuses l'eut dérobée aux regards des hommes, elle se rendit en pompe au bain préparé pour la recevoir. Deux troupes d'almé couvertes de robes de soie, chantoient en chœur des vers composés pour cette fête; elles s'accompagnoient avec le sistre et les cymballes, et répétoient en chœur : » Couple heu- » reux, enivrez vous des plaisirs de » l'amour ; il a couronné la constance : » tous deux vous jouissez d'une » brillante jeunesse, tous deux vous » êtes propres aux combats de l'hy- » men. Jeune guerrier ouvre les yeux,

» et vois s'il fut sur la terre une beau-
» té plus parfaite. Toi seul es digne
» de triompher de ses charmes ; toi
» seul as mérité son cœur. Arrache
» ces vêtemens importuns, qui ca-
» chent tant de trésors. Tous deux
» vous êtes propres aux combats de
» l'hymen ; enivrez-vous des plaisirs
» de l'amour. «

Après les chœurs des chanteuses,
venoient les dames les plus distinguées
de Bagdad, couvertes de perles et de
diamans. La jeune vierge marchoit
à côté de sa mère, sous un dais porté
par quatre esclaves. Le cortége s'a-
vançoit lentement , au bruit de la
musique , et le peuple charmé d'un
si beau spectacle, faisoit retentir l'air
de mille bénédictions. Lorsque la fille
du visir eut resté pendant quelques

heures au bain, que les dames l'eurent deshabillée solennellement, qu'elle eut respiré la vapeur du bois d'aloès et des essences précieuses, qu'on l'eut massée et parfumée suivant l'usage, on la reconduisit au palais avec les mêmes cérémonies.

Elle attendoit avec trouble le moment où elle recevroit son amant. Chaque fois qu'elle y songeoit, son cœur battoit avec force, et le rouge lui montoit au visage. Au coucher du soleil, toutes les rues de la ville furent illuminées ; le son des tambours, les fanfares des trompettes, annoncèrent l'arrivée du sultan. Il descendit à la porte du palais du visir, et conduisit son favori au sallon, qui étoit éclairé d'une multitude de lumières. En entrant, il le prit par la main, et le pré-

sentant à Ouardi , lui dit en souriant :
Recevez-le pour votre époux', il est
digne de vous rendre heureuse. Anas-
Eloujoud ne pouvoit rassasier ses
yeux du plaisir de contempler celle
qu'il aimoit si tendrement : il la trou-
voit plus belle encore que le portrait
qu'il s'en étoit formé , et demeuroit immobile de surprise et de joie.
La sensible Ouardi n'étoit pas plus
maîtresse de ses sens. Son sein palpitoit avec force , ses genoux trem-
bloient sous elle , ses yeux étoient
baissés devant son vainqueur ; mais
à travers son agitation, on voyoit que
le plaisir animoit tous ses mouvemens
et donnoit à sa beauté une empreinte
céleste. Enfin surmontant sa timidité,
elle dit en s'inclinant devant le sultan:
Seigneur je le reçois de votre main, et

si l'amour peut faire son bonheur.... Elle ne put achever, et elle alloit tomber sur le sofa, lorsque Anas-Eloujoud se précipitant vers elle, la reçut dans ses bras, et la rappela à la vie par un baiser. Le généreux Diouan, pour leur laisser plus de liberté, se retira, et quoique jaloux en secret de son favori, il se félicitoit intérieurement d'avoir fait une belle action, et d'avoir uni deux êtres si dignes l'un de l'autre. Ouardi et Anas-Eloujoud vécurent heureux, et leur postérité occupa dans la suite le trône d'Ispahan, auquel Ibrahim avoit des droits par sa naissance.

F I N.

LIVRES

Qui se trouvent chez ONFROY, Libraire, rue Saint-Victor.

FABLIAUX et Contes des treizième et quatorzième siècles , par M. le Grand , 4 vol. in-8°. rel.　　21 liv.

Les mêmes, 5 vol. pet. in-12. rel. 12 liv.

Voyage en Auvergne, par le même , in-8°. br.　　　　　　6 liv.

Élémens de physique , par M. Sigaud de la Fond , 4 vol. in-8°. rel. 28 liv.

Description et usage d'un cabinet de physique par le même, 2 vol. in-8°. rel.　　　　　　　　14 liv.

Essai sur les différentes espèces d'air , in-8°. rel.　　　　　　6 liv.

Propriétés et phénomènes de l'air , in-8°. rel.　　　　　　6 liv.

Théâtre de société , par Collé , 3 vol. in-12. rel.　　　　　9 , 12 liv.

Aventures (les) de Télémaque, 2 vol. in-4°. br.   48 liv.

Les mêmes, 2 vol. in-12. rel.   6 liv.

Contes des Fées, par Madame d'Aulnoy, 4 vol. in-12 rel.   10 liv.

Contes des Fées , par Perrault, petit in-12. rel.   3 liv.

Dictionnaire géographique , par Vosgien , pet. in-8°.   rel. 5 liv.

Dictionnaire historique, par Ladvocat, 4 vol. 8°. rel.   20 liv.

Nota. Le quatrième vol. se vend séparément.   5 liv.

Dictionnaire de la langue françoise , par Richelet, 2 vol. pet. in-8°. rel.   12 liv.

Dictionnaire de peinture , par Pernetty, 2 vol. pet. in-8°.   8 liv.

Dictionnaire de santé , 3 vol. pet. in-8°. rel.   15 liv.

Dictionnaire des Rimes , par Richelet, in-8°. rel.   7 liv.

Discours sur l'histoire universelle, par Bossuet, 2 vol. in-12. rel.   5 liv.

Fables de La Fontaine , 2 vol. in-12.
fig. rel.   10 liv.
Les mêmes , 1 vol. in-12. rel.   3 liv.
Les mêmes, 1 vol. pet. in-12. 2 liv. 10
Histoire de la vie privée des François ,
3 vol. in-8º. rel.   15 liv.
Histoire du Chevalier du Soleil , 2 vol.
in-12. rel.   6 liv
Histoire de Don Quichotte de la Man-
che , 6 vol. in-12. rel.   15 liv.
Histoire de Gilblas de Santillane , par
le Sage , 4 vol. in-12. rel.   10 liv.
Histoire de Malte , par l'Abbé de
Vertot, 7 vol. in-12. rel.   17 liv. 10
Histoire des révolutions d'Angleterre ,
par le P. d'Orléans , 4 vol. in-12.
rel.   12 liv.
Histoire de Turenne , par Raguenet,
in-12. rel.   2 liv. 10
Lettres de madame de Sévigné, 8 vol.
in-12. rel.   24 liv.
Les mêmes, 8 vol. pet. in-12. rel. 18 l.
Mémoire de Sully , 8 vol. in-12. rel.
                                   20 liv.

Métamorphoses (les) d'Ovide, trad.
par Banier, 4 vol. in-4°. en feuilles.
48 liv.

Œuvres de Boileau, 5 vol. in-8°. rel.
36 liv.

Les mêmes, 2 vol. in-12. rel.   6 liv.
Les mêmes, 3 vol. pet. in-12. rel. 6 liv.
Les mêmes, 2 vol. pet. in-12. rel. 4 liv.
Les mêmes, 1 vol. pet. in-12. rel. 2 liv.
Œuvres de Crébillon, 3 vol. in-8°. rel.
24 liv

———

www.ingramcontent.com/pod-product-compliance
Lightning Source LLC
LaVergne TN
LVHW020839200726
843508LV00003B/998